O LIVRO DO ISAAC

PARA FORTALECER A AMIZADE!

São Paulo
2016

UNIVERSO DOS LIVROS

Diretor editorial: Luis Matos

Editora-chefe: Marcia Batista

Assistentes editoriais: Aline Graça e Letícia Nakamura

Revisão: Nina Soares

Arte: Francine C. Silva e Valdinei Gomes

Capa: Francine C. Silva e Gustavo Silva

Dados Internacionais de Catalogação na Publicação (CIP)
Angélica Ilacqua CRB-8/7057

M886L

Moura, Isaac Guedes

O livro do Isaac : para fortalecer a amizade / Isaac Guedes Moura. – São Paulo: Universo dos Livros, 2016.

112 p.: il.

ISBN: 978-85-503-0015-3

1. Não Ficção 2. Internet - Vídeos 2. Vlogs (Internet) 3. YouTube (Recurso eletrônico) 4. Entretenimento I. Título

16-0282 CDD 028.5

Universo dos Livros Editora Ltda.
Rua do Bosque, 1589 • 6º andar • Bloco 2 • Conj. 603/606
Barra Funda • CEP 01136-001 • São Paulo • SP
Telefone/Fax: (11) 3392-3336
www.universodoslivros.com.br
e-mail: editor@universodoslivros.com.br
Siga-nos no Twitter: @univdoslivros

Sumário

Agradecimentos

Obrigado primeiro pra minha família (mãe, tio e vó Val). O meu amor desce pra vocês. Sem vocês, meus sonhos não seriam realidade.

Obrigado pra Marcia Batista, minha editora, e toda a equipe dela (Aline, Cinthia, Dino, Francine e Letícia), que não pouparam esforços pra me ajudar a montar esse livro massa.

Obrigado também pro meu amigo Gustavo, que trabalhou até de madrugada com meu tio pra fazer uma capa linda.

E OBRIGADOOO, meus anjinhos!!! Vocês fortalecem a amizade!

Como tudo começou

Por Ícaro Guedes

Há um tempo eu acompanhava alguns perfis pelo Vine, um aplicativo que fazia sucesso por aqui. Por estudar Publicidade, estava sempre antenado no que acontecia. E fazia uns vídeos meus de brincadeira — só para postar alguma coisa.

Na minha casa moramos eu, minha mãe e minha irmã mais velha, Iasmin, que é mãe do Isaac, então estou sempre com ele. Quando me via gravar os vídeos, o Isaac pedia sempre pra participar. E eu não deixava. Um dia, resolvi ceder.

O vídeo se chamava "Nossa, como você é infantil". Com apenas seis segundos de duração, ele fez dez vezes mais sucesso que qualquer outro vídeo que eu já tinha postado. Os comentários começaram a bombar e as pessoas pediam um perfil só do Isaac.

Pensei no assunto, conversei com a minha irmã, e decidimos criar. O nome escolhido foi Isaac do VINE, para que as pessoas pudessem localizar com mais facilidade. Publiquei o mesmo vídeo e, uma

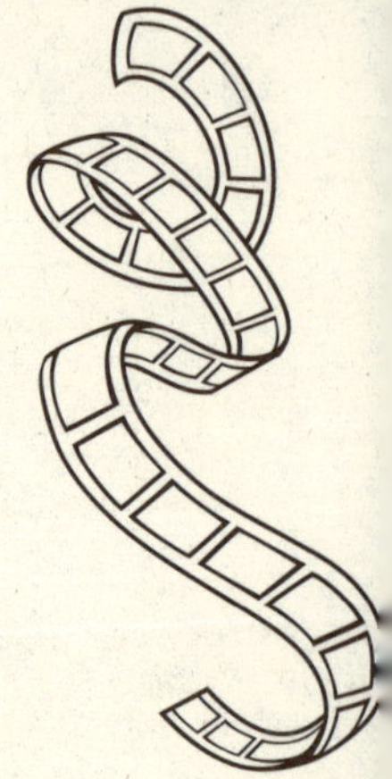

semana depois, resolvi entrar e ver o que tinha acontecido — para minha total surpresa, já havia 10 mil seguidores e milhares de comentários. Na sequência, muita gente de sucesso começou a segui-lo e, em menos de um mês, o perfil já tinha mais de 50 mil seguidores. Aí fizemos também o Instagram.

Fiquei sem entender todo aquele sucesso, pois o vídeo tinha sido feito sem pretensão nenhuma. Tinha algum fator que eu desconhecia nessa matemática da internet.

Logo depois, postamos um vídeo nas redes chamado “Fatos de escola”, que fez muito sucesso. E, quando as páginas bateram 1 milhão de curtidas, vimos que era hora de partir para o YouTube.

Então, tudo rolou ainda mais rápido. O canal crescia vertiginosamente a cada dia, e bolávamos as pautas na hora. Pensávamos no tema, gravávamos, editávamos e colocávamos o vídeo no ar.

Na brincadeira, o canal dele chegou a 60 milhões de visualizações. Foi aí que nos demos conta da proporção daquilo tudo — saíamos na rua e as pessoas reconheciam o Isaac. Do dia para a noite, participamos de um encontro num hotel em Recife e apareceram mais de mil seguidores para vê-lo.

Ele tinha uma estrela. Ele já era um sucesso antes mesmo de gravar vídeos. Ele era o nosso Isaac. O menino engraçado e curioso que desenvolve os assuntos que propomos e fica ainda mais engraçado. O garoto que desenrola temas que até Deus duvida. Ele faz caras e bocas e interpreta como se estivesse num set de filmagens.

Eu, que nunca tinha trabalhado com nada do gênero, fico surpreso com a desenvoltura do meu sobrinho. E orgulhoso. Sempre gostei de comédia, TV, cinema, e tinha vontade de postar vídeos no YouTube. Depositei isso no Isaac e, depois que os vídeos dele viraram um fenômeno, percebi que eu tinha outro talento: ficar nos bastidores e ajudar a criar os roteiros para que ele brilhasse.

Fica fácil trabalhar com uma criança tão especial, e se ele fez tanto sucesso é porque tem o dom. Só precisava de alguém que fizesse florescer o seu potencial. Deu certo porque conseguimos unir minhas ideias e o talento dele.

Apesar de hoje ser reconhecido nas ruas e marcar presença nas redes sociais, ele tem um lado totalmente criança. Por mais que faça vídeos na internet, adora jogar bola, brincar de boneco, video game etc.

É daquele tipo de criança que não perde a inocência. Observá-lo brincando com os bonequinhos me faz ter fé que ele não vai se deixar corromper pela vida.

Por mais que veja tudo o que acontece à sua volta, Isaac continua sendo ele mesmo — uma criança inocente e sonhadora. Não é por ser o meu sobrinho, mas ele tem alguma coisa que encanta as pessoas. Foi a pureza do Isaac que conquistou o

Oi, eu sou o Isaac

Oi, meus **anjinhos**, cês tão ligados que eu curto fazer vídeos na internet, né?

Agora tô me aventurando numa outra área: a de livros!!! Minha professora é que vai curtir a notícia — já que este livro eu e meus amigos não vamos largar! (Hehehe brincadeirinha!)

Pra quem se diverte com meus vídeos, este livro é um prato cheio de novidades. Tem interatividade, bom humor e muitas curiosidades inéditas sobre mim.

Tenho certeza de que vocês vão gostar de ler minhas histórias e também de brincar comigo, pois a ideia aqui é que seja tudo uma grande brincadeira de criança.

E aí, preparados?

Bora relembrar juntos as cenas que aconteceram comigo (e também com vocês) na escola, no grupo de amigos e em muitas outras situações?

Pra fortalecer a amizade!

IMPORTANTE

Papo sério

Olha, eu vou dizer (minha mãe vive buzinando na minha orelha) que, se você curte postar, tem que ter cuidado. No meu caso, são os adultos que postam as coisas pra mim — não fica achando que eu sou o esperto da tecnologia que vai lá e dá upload na parada.

Nananinanão!

Nada entra nas minhas redes sem minha mãe aprovar antes. Então, se você tá querendo criar um canal, tem que entender que criança não pode ter conta sozinha. Tem que ter adulto vendo tudo, beleza? Meu livro, inclusive, só foi feito graças à ajuda da minha mãe e do meu tio Ícaro. Eu sou criança, gente!

Ah, e é claro, né — eu adoro a internet e as brincadeiras todas, mas curto mesmo é ter contato com os amigos de verdade, sem a câmera ligada.

Não esquece disso: mesmo com o computador ou o celular ligado, o que vale é a vida lá fora!

Brincar (além de estudar, óbvio!) é importante e não dá pra deixar pra depois. Afinal, é muito bom aproveitar o dia e se divertir!

Bordões do Isaac

- Fala aí, meus anjinhos!
- Bem-vindos ao canal do Isaac.
- Quem é Isaac? Sou eu!
- Nossa, como você é infantil.
- Qual é a senha do Wi-Fi?

E você? Tem seus bordões? Pega a sua caneta lá na mochila e escreve aqui embaixo:

Fatos sobre mim

- Tem gente que acha que meu nome completo é Isaac do VINE.
- Nunca tomei mamadeira porque não gosto de leite.
- Tenho 7 anos.
- Amo carne de hambúrguer.
- Tenho 23 quilos.
- Odeio cortar o cabelo.
- Já tive piolho.
- Meu sonho é ser ator.
- Sonho também em conhecer a Disney.
- Não faço xixi na cama.
- Meu animal de estimação é uma tartaruga pequena.
- Meu esporte preferido é o boxe.
- Meu desenho favorito é Hora da Aventura.
- Todo dia acordo de madrugada e peço água.
- Odeio acordar cedo.
- Adoro ir pra escola.

Você sabia?

Que os fãs do Isaac o chamavam de anjinho por causa dos cachinhos? Pois é. Até que, um belo dia, ele também resolveu chamar todo mundo de anjinho. Hoje, ele só começa os vídeos chamando desse jeito o público, que montou até fã-clube: "Anjinhos do Isaac".

B
A
C

Fatos de amigos

Quem nunca se viu numa fria com um amigo? Ou percebeu que deixou alguém na maior roubada? No meu canal, fiz alguns vídeos com fatos de amigos que bombaram na rede. Dá só uma olhada:

O convite pra sair

O celular toca e você vê que é o seu amigo ligando.

Show.

É ele, aquele velho amigo (ou não tão velho assim, kkk) que curte dar um rolê. A pergunta é certeira:

— Véio, vamos sair? — ele diz.

A sua resposta não pode ser diferente:

— Partiu!

Só que, antes de completar a frase, você se lembra de um detalhe: tem que pedir pra sua mãe. Xi.

Piorou. Parecia fácil. E agora? Como faz pra explicar pro brother?

— Humm, só tem um problema — você fala, gaguejando. — Eu tenho que pedir pra minha mãe.

O amigo, prático, resolve a enrascada numa boa:

— Então pede aí!

Nessa hora, você se liga que se ele pedir, ela não briga.

— Ah, vem aqui e você pede. Se você pedir, ela vai deixar.

Quantas vezes já não aconteceu isso, né? Quem nunca escalou um amigo pra pedir uma coisa que não tem coragem pra sua mãe? Às vezes elas encrencam com a gente, mas os amigos são fortes aliados.

Já aconteceu isso com você?

Escreve aí e mostra pro amigo pra rirem juntos depois.

O amigo atrasado

Toca o telefone e você está dormindo. Aquele barulho dos infernos te arranca da cama e você quase cai.

— Alô?

— Véio, onde você tá? — É a voz do seu amigo, em algum lugar entre a vida e a morte.

— Oi?

— Onde você tá? — ele repete. — Estou te esperando faz meia hora.

Como se caísse um balde de água fria na sua cabeça, você lembra que tinha marcado com a criatura e nem se deu conta. O que você faz?

Vamos às opções:

A - Conta que está dormindo e ainda vai se trocar.

B - Diz que está atrasado, mas a caminho.

C - Fala: "Peraí, já estou descendo do ônibus" — enquanto levanta da cama aos tropeços pra achar uma roupa decente e limpa pra vestir.

[Se respondeu a última alternativa, bem-vindo ao nosso clube. Hehehe!]

Amigo Netflix

Amigo Netflix é aquele cara tão folgado, mas tão folgado que abre o computador e logo liga pro brother:

— *Pô, véio, você não pagou a Netflix, não? Aí dificulta nossa amizade!*

Cara, existe amigo mais chegado do que aquele que tem a sua senha da Netflix? Senha de Netflix é tipo escova de dente, não se empresta — mas, quando empresta, ferrou. Não dá pra pegar de volta.

Alguém tem sua senha da Netflix? Você tem a senha de alguém? Amizade eterna se a resposta for sim, hein!

Amiga que não disfarça

Essa é pras minhas anjinhas. Sabe aquela amiga filha da mãe que não consegue disfarçar? Pois é, todo mundo tem uma amiga assim. Muitas vezes, ela é bem sem noção e vive dando mancada.

Essa cena já aconteceu com você? O seu crush tá chegando, todo gato, e você avisa bem baixinho:

— Amiga, o menino que eu gosto tá atrás de você. Mas não olha agora, não. Disfarça.

Resultado? A criatura vira feito um unicórnio que perdeu o chifre e olha pra trás pra enxergar o tal crush. É de perder a amizade, né não?

Amigo morto de fome

Tem sempre aquele brother que chega na sua casa, abre a geladeira e fica vasculhando pra saber o que tem. Não contente com isso, logo grita pra rua inteira ouvir:

— Não tem nada nessa casa? Nem um biscoito cream cracker?

Cara de pau... Vai vendo!

Amigo Wi-Fi

Você liga pra ele e o convida pra ir à sua casa. Ou melhor, pra dormir na sua casa. Antes mesmo de responder, o cara fala:

— Aí tem Wi-Fi?

Quando você responde que tem sim, já ouve passos lá fora e o toque da campainha. Abre a porta e dá de cara com o indivíduo posicionado na sua frente pedindo a senha do Wi-FI. É mole ou quer mais?

Agora é com você. Faça uma lista dos tipos de amigos que rondam sua vida e diz aí como é.

Fatos de mulheres

Sou menino, mas vivo observando as mulheres. Minha mãe, minhas amigas, as amigas do meu tio. Ando com uma galera e penso sempre sobre o que se passa na cabeça delas. Mas tem umas cenas de morrer de rir que eu tenho certeza que você vai curtir:

No cabeleireiro

Sabe aquela mulher que nunca corta o cabelo e deixa ele chegar na cintura pra aparar as pontinhas? Então, essa mesma! Já viu ela sentando na cadeira do cabeleireiro? Ela meio que fica com medo e age como se estivesse sentada num formigueiro, com pânico do estrago que já sabe que vai rolar.

Depois de uma tesourada, chega a visão do inferno no espelho. Cabelo na nuca com um corte que o cara acha uma supertendência e ela detesta.

O grito rola solto e ela promete nunca mais voltar no cabeleireiro. Até que o cabelo cresce e chega na cintura de novo e ela volta pro mesmo lugar e pede a mesma coisa (tira só as pontinhas kkk) sabendo que tudo vai acontecer igualzinho antes.

Conhece uma assim?
Pois eu conheço VÁRIAS!

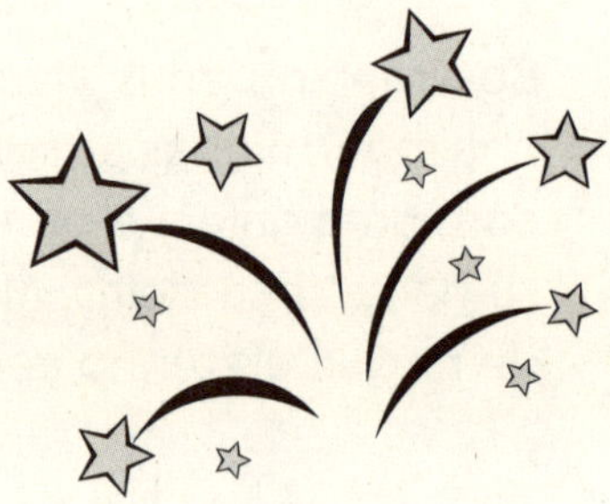

No dia da festa

Ela vai dormir toda linda e perfumada, ansiosa no grau máster pro dia seguinte. Afinal, vai rolar uma festa dos deuses. Ela vai deitar sonhando com a roupa, com a noite, e mal consegue pregar o olho.

Na manhã seguinte, quando acorda, entra em pânico: se olha no espelho e cai pra trás. Da noite pro dia, nasceram todas as espinhas do universo na sua cara. Bem no meio do nariz, na bochecha e até na testa.

Já aconteceu com alguém que você conhece?

A dieta da segunda

Você conhece alguma mulher que se sente insegura quando se olha no espelho? Logo vê pneu onde não tem e grita pra quem quiser ouvir que vai começar a dieta porque já acha que a pizza do dia anterior surtiu algum efeito bombástico.

Depois de refletir, olha pro namorado e fala que segunda vai começar uma dieta — porque o verão tá aí e ela quer ficar em forma. Avisa que só vai comer frango e batata-doce e, minutos depois, bate a fome. O que ela faz?

Vamos às opções:

A - Prepara um prato equilibrado e saudável.

B - Faz uma salada de pepino pra comer e joga umas rodelas também no olho pra acabar com as olheiras.

C - Liga pra pizzaria.

[Se você respondeu liga pra pizzaria, acertou!!!]

O cara, que tava quietinho, só escutando aquela ladainha toda, tenta lembrar a esquecida:

— Mas você não disse que ia começar a dieta hoje, segunda-feira?

Ela, rápida no gatilho, logo responde:

— Por acaso eu disse qual era o mês e o ano?

E lá vai ela finalizar o pedido. E quem pensa que vai pedir rúcula ou escarola, se engana. Ela pede mesmo é uma de calabresa e quatro queijos pra matar a lombriga.

Eita nóis!

Stalkeando o boy

Ela abre o Facebook e corre pra página do boy magia. Aí pega uma foto do cara com outra e fica superbrava:

"Ah, por isso que não tava me respondendo no WhatsApp. Tá com essa menina. Que raiva dessa falsiane."

Se arrumando pra balada

Ela fica toda emburrada olhando pro espelho, passando maquiagem como quem faz uma cirurgia. Aí pisca sem querer e, de repente, a mão treme e o rosto todo tá borrado. A maquiagem foi pro saco!

E quando a mulher demora séculos para se arrumar? O cara fica lá deitado no sofá, pedindo para ela ir logo, gritando que estão atrasados, e ela vira e fala:

— Calma amor, já tô me maquiando. Dez minutinhos.

Trinta minutos depois (meio com sono), o cara chama de novo:

– Já passou meia hora, amor, vem logo.

Ela sai do quarto toda princesa e dá de cara com um barbudo feito o Papai Noel. *Séculos se passam em segundos*... Hahahaha!

Conhece outras manias de mulheres? Coisas que toda mulher faz e é superengraçado? Que tal fazer um vídeo e postar num canal seu? Fala com a sua mãe e vê o que ela tem de mania engraçada pra contar! **Pra te ajudar, você pode fazer a listinha aqui e depois pensar em como gravar o seu vídeo. Que tal?**

Fatos de criança

Tem coisa que é bem típica da infância. E toda criança vai se identificar com uma dessas situações. Se você já foi criança (ou ainda é uma, como eu), tenho certeza de que você já fez ou vai fazer alguma dessas coisas:

Você tá comendo seu iogurte e ele acaba. O que você faz? Vai até a cozinha, joga a colher no lixo, deixa o iogurte em cima da pia e volta pra sala. Simples assim.

Ali, sentado no sofá, você já se liga que fez alguma coisa errada, mas não consegue lembrar o que seria mesmo. Fica sentado remoendo a coisa toda e não sabe quando vai ter um raciocínio lógico de volta.

E tem muita gente que faz coisas loucas e nem percebe. Alguns jogam a colher no lixo.

Outros chegam a guardar lixo na geladeira. Haja confusão!

A mãe chega com uma amiga do trabalho. A amiga pede uma água. Tá com uma sede do cão, porque trabalhou feito louca num calor africano. "Filho, traz água pra visita", grita sua mãe.

Você vai, pega a água, toma um gole e leva o copo. Hahaha.

Quem nunca fez isso? Tomou um gole antes de levar alguma coisa pra alguém? Você faz esse tipo de coisa? Consegue entender porque a gente tem a tentação de beber aquele golinho extra?

E aquela hora que você tá no banheiro e grita: "Mãe, vem me limpar!" Em alto e bom som, pra vizinhança toda ouvir. Quem nunca?

Você já pegou a tampa do detergente que acabou, colocou um lápis e rodou no chão? Essa é a dica de brinquedo mais maneiro do mundo!

E quando você dorme com o pé descoberto e sente uma mão pegando no seu pé, daí acorda e não tem ninguém?!

Já aconteceu isso com vocês, meus anjinhos? Alguém pode me explicar o que acontece quando a gente dorme?

E quando você toca a campainha do vizinho e sai correndo? Kkkkkk!

Pois saiba que essa é uma brincadeira de criança bem antiga. Se perguntar pra sua mãe, provavelmente ela vai se lembrar dessa e de muitas outras.

Como aquela brincadeira de pegar um copo de plástico e abrir dez mil tirinhas pra ele ficar parecendo um sol ou sei lá o quê.

Outra fato bem típico de criança é quando você entra no banho e se dá conta de que esqueceu a toalha. O que você faz? Lógico que, como qualquer terráqueo comum, você grita pra sua mãe resolver. E a toalha sempre vem voando sabe Deus de onde, né?

Quando você tá numa loja e tem certeza de que sua mãe tá logo atrás de você, mas aí, quando se vira, ela não tá lá não. Dá aquele pânico, frio na barriga e mini-infarto. Você grita feito doido e ela tá ali do lado, de costas, morrendo de vergonha.

Quando tá muito calor, você enfia a cara na frente do ventilador pra ficar fungando vento e imitando voz de robô? Hahahaha!

Dá também pra abrir o congelador e ficar comendo geladinho, gelinho ou sacolé (como você chama na sua região?) adoidado. Se não tiver, vai gelo mesmo!

Uma coisa muito estranha que ocorre na vida é quando você dorme no sofá e acorda na cama. E o susto do cão de acordar sem saber como foi parar ali?

Quando você grita querendo saber onde tá seu notebook e sua mãe diz: "Tá na gaveta de sempre." Daí você vai lá, procura feito um louco, não acha, e grita de volta: "A gaveta tá vazia."

Aí vem a pior parte. Ela retruca: "Se eu for aí e achar, vou esfregar o notebook na tua cara." Xiiii. Azedou. Mas, muito confiante (afinal, você já procurou muito), você responde: "Pode vir pra senhora ver".

O que acontece, então? Quando sua mãe chega, a mágica se torna realidade e o computador está lá, reluzindo pra vocês feito ouro.

Que bruxaria é essa, minha gente? Alguém explica?

E quando você engole o chiclete e vem a sua avó na cabeça te dizendo que engolir o chiclete vai colar suas tripas. Você já sente aquele frio no estômago e acha que vai morrer em segundos!

Às vezes, o telefone da sua casa toca e é aquela tia que sua mãe não quer atender. Só um detalhe: você não sabe disso, lógico!

— Mamãe, é a tia Janny.

Ela aparece e diz: "Fale que não tô aqui."

— Oi, tia Janny, minha mãe mandou dizer que não tá aqui não.

Tem noites em que você tá naquele soninho gostoso e sonha que foi no banheiro fazer xixi. Daí você acorda e tá todo molhado porque fez xixi na cama. Que tristeza! Hehehe!

Σ
CO2
2
H2O
2 = 4
Σ
E = MC2
f = sin 2x
sin x = x − x³/3! + x⁵/5! − ... + (−1)ⁿ · x²ⁿ⁺¹/(2n+1)! + ...
sin 2x = 2x − (2x)³/3! + (2x)⁵/5! − ... + (−1)ⁿ · (2x)²ⁿ⁺¹/(2n+1)! + ...

Na escola

"É pra copiar?"

Quem nunca ouviu essa frase? O cara tá ali na sala de aula, sentado, enquanto a professora escreve zilhões de coisas na lousa. Ele tá quietinho no canto dele, mas, de repente, solta a pérola: "Professora, é pra copiar?"

Já aconteceu na sua sala? Você é um desses?

Sempre tem um tipo assim, em toda escola! Hahahaha!

Aluno interesseiro

Quando a professora entrega uma lição qualquer na carteira, e o cara olha pra ela, ela olha pra ele, e ele de repente pergunta:

— Professora, isso vale nota?

Aluno preguiçoso

Ele vê que não dá tempo de copiar aquilo tudo, começa a ficar nervoso e diz: "Ah, tem muita coisa pra copiar. Vou tirar foto."

Saca o telefone e tira uma foto da lousa. Cara, precisa ser muito cara de pau, né?

Na aula de História

Ele chega todo animado porque hoje tem aula de História. Tá com uma mochila gigante, de onde saca um travesseiro, um cobertor e solta: "Tô pronto pra aula."

Será que aula de História é um prato cheio pra dormir?

O amigo dedo-duro

Ele pede uma bolacha.

O outro olha com desdém e diz que não vai dar.

Sabe o que ele faz? Dedura o amigo!

"Professora, desde quando pode lanchar dentro da sala de aula? Que absurdo."

Posso ir no banheiro?

Alguém pergunta, e a professora logo vira e retruca, toda nervosa: "Pra quê?"

Mas que pergunta absurda. Né, gente? Como assim pra quê? Posso abrir a câmara secreta lá. O que vocês acham? Hahahahaha.

O corajoso

É aquele aluno que pede pra professora repetir e repetir a explicação, pois não entendeu nada. Até que ela vira e fala que não vai repetir porque o cara não tava prestando atenção, e então ele lança um xingamento leve.

Irada, a professora vira e pergunta: "O que você disse?"

Ah, essa é a hora de soltar a melhor piada pronta do dia: "Ah, não vou repetir não porque você não tava prestando atenção."

O aluno tagarela

Ah, mas tem coisa pior. O aluno que vive conversando na sala de aula o tempo inteiro. E quando a professora reclama: "Você veio pra conversar ou assistir aula?", o tagarela tem a cara de pau de responder: "E a senhora veio pra dar aula ou atrapalhar a minha conversa?"

É mole?

As 10 perguntas mais frequentes em sala de aula:

1. Professora, é pra pular quantas linhas?

2. Quem tem grafite 07?

3. ______________________________

4. ______________________________

5. ______________________________

6. ______________________________

7. ______________________________

8. ______________________________

9. ______________________________

10. ______________________________

Os dois patetas

E quando você vai com seu amigo na porta da sala dos professores pedir alguma coisa e os dois ficam lá feito patetas:

— Eu chamo e você fala.

— Não, eu chamo. Você fala.

E daí bate o sinal e vocês têm que voltar pra aula.

O amigo que toma chá de esquecimento

E quando você chega na escola e pergunta pro brother se ele fez a parte dele no trabalho em grupo e ele lança com a maior cara de sono: "Que trabalho?"

O maldito nerd

Ah, mas nada é pior do que, quando tá na hora de ir embora, e a professora vai avisar que a aula acabou, você tá feliz da vida pra se mandar pra casa e tcharam! Aquele nerd das catacumbas vira e pergunta: "Professora, você não vai corrigir o dever de casa não?"

Nesse momento, todo mundo fica mudo. Um silêncio que dá até pra ouvir zumbido de mosquito.

O dorminhoco

Ah, e quando faltam cinco minutos pra acabar a aula e você resolve dar aquela cochilada básica. De repente, você acorda achando que se passou uma hora, mas ainda faltam quatro minutos pro fim da aula. Hahaha. Pega essa, Batman!

E no ENEM?

Um dos vídeos de maior sucesso do meu canal é o que fala sobre os fatos do Enem. É pra rolar de rir. No Enem acontece mais ou menos isso todo ano:

- Seis meses antes do exame, o cara nem tira a bunda da cadeira pra estudar. Uma semana antes, também não. Aí, horas antes de sair, ele fala pra mãe que tá dando uma revisada. Aham...
- E como é o aluno otimista? Ele chega no Enem e vai direto fazer a redação "porque vai tirar dois mil e quinhentos pontos e lacrar". Será?
- Tem gente que prefere ir na base do chute. Fecha os olhos e dá uma de Chico Xavier. E seja o que Deus quiser!
- O exagerado leva dez tipos de lápis pra garantir, lanchinho, um litro de água, a Bíblia, chocolate pra dar energia...
- E o mais famoso? Aquele que chega atrasado pra virar notícia! Ele calcula exatamente pra chegar na hora do fechamento do portão. Aí chega o repórter e ele sorri satisfeito para a câmera inventando uma lenga-lenga qualquer que vai sair na capa dos jornais.
- Na hora da correção tem sempre aquele que começa superbem: acerta uma, duas, três questões. E aí começa a vibrar e cantar até que começa a errar uma atrás da outra numa avalanche sem fim...

FABRICA DE CRIAÇÕES
PRODUÇÃO
ROLO
CENA
PLANO
TOMADA
DIRETOR
DIA /NOITE
INT / EXT
CAMERA

Sobre as mães

Sua mãe pode ser velha, nova, alta ou baixa, mas vou te dizer uma coisa: não sei se você já reparou, mas toda mãe tem um detector de problema.

—

Sabe quando você chama o nome dela duas vezes, ela não aparece e você vai lindo e gostoso colocar os pezinhos no sofá? A impressão que eu tenho é que ela tem uma câmera escondida acoplada na minha canela. Do nada, ela surge feito uma alucinação, com uma cara feia de dar medo, te fazendo voltar a colocar os pés onde eles devem estar (segundo ela): no chão.

—

E quando você joga a toalha na cama e ela aparece com o chinelo na mão? É como se fosse um cão farejador. Ela sabe que vai encontrar alguma coisa.

Não sei se a sua mãe é assim, mas e quando a gente sai com ela na rua e ela encontra uma amiga? Senta que lá vem história. Pego logo meu colchão e travesseiro e fico ali esperando, porque se marcar, chega a noite e elas ainda têm conversa pra jogar fora.

—

Ah, hoje em dia você vai no shopping e avisa sua mãe que estará por lá. Só que não dá pra dar perdido — ela tá moderna.

"Você tá no shopping? Manda localização e selfie, então!"

Nem adianta chegar tarde ou fingir que tá onde não tá.

—

E drama é o sobrenome de toda mãe. Concordam?

— Quando eu morrer, não quero ninguém chorando no meu caixão. Eu faço tudo nessa casa, varro o chão, cozinho. Mas ninguém dá valor...

É um tal de lembrar o tempo todo que tá varrendo o chão que vou te contar. Tudo bem, tudo bem, posso ajudar nessa parte — desculpa aí!

—

E a mãe econômica? Que sai desligando tudo que você liga na casa? Hahahaha!

—

Ah, e também tem mãe que parece que trabalha na previsão do tempo do telejornal. Tá aquele dia ensolarado, ela tá ali, de boa, e do nada vira e fala: "Vai chover! Leva guarda-chuva!"

Você resolve não levar, já que é meio óbvio que o tempo não vai mudar, pois o sol está lindo no céu. Só que aí quando você volta, toca a campainha e tá que nem um pinto molhado. E ela te olha com aquela cara típica das mães e não perde tempo pra dizer:

"Eu avisei!"

Ricos *vs* pobres

Um dos meus vídeos de mais sucesso no YouTube foi o "Rico *vs* Pobre".

Gente, somos todos iguais! E o que eu posto não passa de brincadeirinha. Mas é legal dar boas risadas. Concordam?

Então, lá vai:

Já viu rico tomando iogurte?

Ele senta no sofá, pega uma colher, come até a metade, e joga fora. Já o pobre abre o iogurte, lambe a tampa, raspa todo o pote com a colher e ainda amassa e enfia na boca pra lamber dentro e não deixar nem um tiquinho.

E mãe quando acorda o filho?

A mãe rica entra chamando a criança de meu chuchu: "Acorda chuchuzinho, vamos pra escola, querido. Seu café está na mesa." A pobre entra gritando e jogando a toalha molhada no seu pé pra você levantar, dizendo que você é preguiçoso e por isso repetiu de ano na escola.

Como fazer o bebê arrotar?

Parece que a mãe rica tem um bebê de novela e faz ele arrotar que nem num comercial de televisão onde tudo é bonito e perfeito. A pobre tenta fazer a criança arrotar dando aquele tapão nas costas e (de presente) leva aquela gorfada animal na cara.

E rico usando pasta de dente?

Muito normal. Mas já viu pobre usar? Pobre raspa a pasta de dente até ficar fina feito um papel e não sobrar nem ar lá dentro. Kkkkkkkk!

Assistência técnica?

Quando o Wi-Fi do computador supercaro do rico não funciona, ele chama a assistência. E o pobre? O coitado bate na casa do vizinho que fez curso de informática pela internet e pede ajuda.

E pra assistir TV?

Rico liga a televisão no canal a cabo e se vê na telinha. Pobre não enxerga nada na TV e ainda coloca palha de aço na antena pra sintonizar o canal, qualquer um que seja.

Mesada de rico?

O menino rico pede mesada pro pai e recebe cem reais de mão beijada. Vai um pobre pedir pro pai uma mesada e ver o que ganha? O pai joga a mesa na cabeça dele. Hehehe.

Nome de rico?

Rico registra o filho com nome chique. Tipo: Cristal. E o pobre? Pobre sempre quer nome complicado. Lança logo um Whindersson com H e dois SS.

Essa é pras minhas anjinhas. Faz cara de "ryca" no espaço abaixo (pode ser foto ou desenho):

follow
@
CHAT
PLAY

Curiosidades sobre mim

Fala, meus anjinhos!

Eu nunca pensei que seria chamado de anjinho um dia, mas gosto tanto do meu cabelo enrolado que fiquei feliz quando ganhei esse apelido dos meus amigos da internet.

Por isso, não quero cortar o cabelo. Ainda assim, minha mãe fala que eu tenho que cuidar dele. Não que eu não goste de tomar banho. Eu até gosto, mas lavar e pentear o cabelo é muito chato.

Uma vez, tive piolho e foi horrível: tinham que ficar caçando os intrusos na minha cabeça e eu não tinha paciência pra ficar parado esperando. A coceira então, nem se fala!

Você já teve piolho? Só quem teve sabe como coça e como dá vontade de arrancar a cabeça fora.

Dizem que muitas crianças da minha idade não gostam de lavar o cabelo. É comum eu entrar no banho e gritar: **"Mãe, tem que lavar o cabelo?"**

Inclusive fiz um vídeo sobre essa mania que a gente tem de gritar "mãe" pra lá e "mãe" pra cá o tempo todo. Mas todas as manhãs minha mãe sofre pra me arrancar da cama, pois **acordar cedo não é muito meu forte.**

Sobre o meu maior medo... **PARA TUDO!!!**

Agora vou contar um grande segredo. Eu tenho medo de um personagem assustador. Tenho até vergonha de contar, mas é verdade. Tenho sim. Minha mãe falou que a gente não tem que ter vergonha disso; afinal, todo mundo tem algum medo.

Sério? Será que todo mundo tem algum medo?

Fiquei pensando no medo das pessoas. Imaginando os meus ídolos assustados com alguma coisa. Pra mim, eles parecem super-heróis. Sem medo de nada. O que você acha? Quais são os seus ídolos e super-heróis favoritos?

Mas eu... ai, ai, ai. Vou contar:

Tenho medo do Fofão, aquele personagem do Balão Mágico! HORRIPILANTE.

Não sei o porquê. Não me pergunte. Mas aquelas bochechas, aquele rosto... Tenho medo só de pensar. E você? Tem medo de alguma coisa?

Minha matéria preferida é: Matemática! Sim. Isso mesmo. Chocado? Chocado? Chocado?

$e=mc^2$

Tá, confessa: você achou que ninguém gostava de matemática, vai. Eu gosto! Matemática não é ruim. Na verdade, eu adoro!

Outro dia, postei um vídeo falando que eu dormia na aula de História. Mas não é verdade. Era uma brincadeirinha. Ah, se você não sabe, gosto de fazer os vídeos para serem engraçados — nem sempre são coisas que acontecem de verdade na minha vida. É um jeito de fazer você se divertir e dar risada na sua casa também.

E quem não curte jogar video game com os amigos? Com o tio? Com a mãe?

Às vezes, minha mãe me tira do video game e me manda ir correr na rua. Sei que não é legal ficar muitas horas sentado nem na frente do computador, da TV, nem da minha brincadeira favorita, que é o video game. Mas que é MASSA ficar jogando video game até a hora de dormir, ah, isso é!

Adoro a **música "Leãozinho",** do Caetano Veloso. Dá uma busca aí na internet pra ouvir. Aí vai a letra pra quem não conhece:

Gosto muito de te ver, leãozinho
Caminhando sob o sol
Gosto muito de você, leãozinho

Para desentristecer, leãozinho
O meu coração tão só
Basta eu encontrar você no caminho
Um filhote de leão, raio da manhã
Arrastando meu olhar como um ímã
O meu coração é o sol, pai de toda cor
Quando ele lhe doura a pele ao léu
Gosto de te ver ao sol, leãozinho
De te ver entrar no mar
Tua pele, tua luz, tua juba

Gosto de ficar ao sol leãozinho
De molhar minha juba
De estar perto de você e entrar no mar

Esse fato deve ser óbvio, né? Mas eu **AMO gravar vídeos** no canal pra vocês. Muita gente pergunta pro meu tio se ele é roteirista de stand-up, porque escreve muita coisa engraçada pra gente gravar.

O que fazemos é o seguinte: ele senta e escreve no papelzinho dele tudo quanto é tema. Daí chega pra mim e sugere o assunto do vídeo que vamos gravar.

Eu logo procuro dentro da minha cabeça tudo que sei sobre o tema. Quando gravei o vídeo sobre mães, por exemplo, me inspirei muito na minha vó, sabe. Ela tem umas manias engraçadas.

Aí, foi só entrar na brincadeira e imitar as coisas que ela fala. Pronto: meu tio e minha mãe começaram a rir feito malucos, e logo ligamos a câmera. Às vezes começa assim, do nada, falando coisas que a gente nem ensaia. É muito divertido!

Adoro passear, principalmente com os meus melhores amigos, que são o meu vizinho Gustavo e minhas primas Alice e Mab. Cara, acho que **ter amigos é a melhor coisa do mundo.**

Eu fico pensando como seria minha vida sem eles. Sem amigos pra rir, pra falar das coisas que acontecem na escola. Acho que se você tem amigos, devia dar uma atenção especial pra eles, porque sem amigo a gente não é nada.

Esse papo é sério. Faço muita brincadeira sobre o Wi-Fi que o amigo sempre quer quando entra na sua casa, mas a parte boa da amizade é o companheirismo.

Só com os amigos é que a gente dá risada, pode jogar video game, brincar de jogar bola, correr na rua. E acho que se você tá aqui, curte meus vídeos, minhas páginas todas e comprou esse livro, é porque gosta de mim.

Quer ser meu amigo?

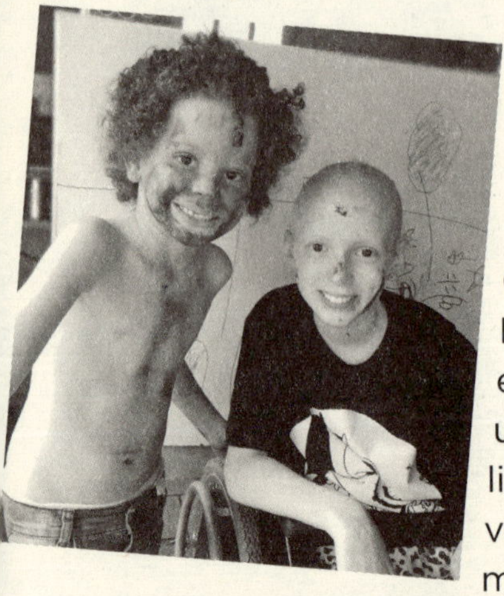

O que me toca o coração? O dia em que assisti o vídeo da Lorena, a menina de 12 anos que enfrentou um câncer e queria ter um canal, resolvi ajudar. Dei um like, me inscrevi na página e gravei um vídeo porque queria ver mais vídeos no canal dela.

Queria muito ajudar, e convoquei todos os meus anjinhos a serem os anjinhos dela também. Não podemos ser egoístas. Não importava que o sonho dela fosse igual ao meu. **Sempre temos que ajudar uns aos outros.**

Ninguém tem que ser concorrente de ninguém ou achar que falar do outro vai te fazer menor. Muito pelo contrário. Quanto mais fazemos o bem para os outros, mais o bem se espalha. Quanto mais queremos o bem das pessoas, melhor vamos ficando.

Se você quer o mundo feliz, seja feliz com todo mundo e espalhe a alegria e o bom humor por onde encontrar oportunidades.

E acreditem, meus anjinhos, não tenham medo de ser feliz! Confiem nos seus sonhos. A Lorena, mesmo depois de um tratamento contra o câncer, não perdeu a doçura e a vontade de fazer aquilo que gostava. O sonho dela é mágico. Quero que o seu seja também.

#Cinco benefícios de ter cabelo cacheado

#1 - Eu sou sapequinha, mas as pessoas me chamam de anjinho.

#2 - Bato a cabeça e não sinto dor porque o cabelo amortece.

#3 - Não preciso de babyliss.

#4 - Quando tô na chuva, meu cabelo serve de guarda-chuva.

#5 - Além de tudo isso, é mais bonito, né?

A minha viagem inesquecível: Recife, quando fui comemorar 1 milhão de anjinhos.

Quando cheguei lá, não acreditava no tanto de gente que tinha pra me ver. Nós tínhamos dito um dia antes que estaríamos lá, e esperávamos que fossem aparecer uns gatos pingados, mas eu nunca imaginaria a multidão que foi até lá me ver.

Era como se eu fosse uma celebridade. Todo mundo queria selfie, foto, beijo. Gritavam meu nome. E eu vi que era importante na vida de muita gente. Vi que o que eu fazia tinha importância. Vi gente chorando, gente feliz, gente emocionada porque tava olhando pra mim.

Era a minha primeira festa como youtuber: a festa de 1 milhão de inscritos. Mas dava a impressão que tinha um bilhão de pessoas. Eu chorava e ria ao mesmo tempo. E quando todo mundo começou a cantar “Baile de favela” pra minha mãe? Foi D+!

E aí? Curtiu conhecer um pouco mais sobre mim? Compartilha aí uma lista de fatos sobre você também.

Eu NÃO gosto de:

— Lavar o cabelo

— Acordar cedo

Eu GOSTO muito de:
- Jogar video game
- Estar com meus amigos

Haha...

Fatos constrangedores da galera

Vira e mexe meus fãs compartilham nas redes sociais umas cenas constrangedoras que acontecem na vida deles. Todo mundo já passou por um perrengue, né? Vai aí uma dose de bom humor pra dar conta de tanta cagada:

1

"Tava cagando e meu namorado entra no banheiro e me vê fazendo aquela força danada... Putz, que vergonha!"

Eeeeita! O que fazer numa situação tão chata? Olha só, se por acaso você tá ali no banheiro, na sua concentração, fazendo o número dois e alguém entrar, já sabe: coloca o fone e começa a cantar "an an an", aquela parte de "Bang" onde parece que a Anitta tá fazendo cocô. A pessoa vai te olhar meio estranho, mas tá tranquilo!

2

"Eu tava na academia, fui fazer força e dei um peido alto."

Cara, acontece nas melhores famílias. Se acontecer novamente, relaxa. É só começar a fazer "putz putz putz" com a boca e fazer de conta que você tá imitando sons de uma música e ainda convidar alguém pra cantar junto. Funciona que é uma beleza.

3

"Tirei print de uma conversa e mandei para a própria pessoa."

Quem nunca? É o tipo de erro que as pessoas mais cometem na vida. Não tenha medo. Se a pessoa te convidou pra sair e você ia mandar pra outra ver quanto você estava feliz, pode dar o truque. Viu que mandou a print, viu que a pessoa visualizou, aí manda em seguida:

"Olha o que você fala e reflita: quando eu quis ficar com você, você não quis. Parece que o jogo virou, não é mesmo?"

4

"Fui tirar foto de uma pessoa no ônibus e estava com o flash ligado."

Cara, que erro. Que mico. Mas calma! Esse tipo de mancada é mais comum do que você imagina. É tipo um erro aceitável. Quando você vê uma pessoa linda, quando você vê uma pessoa engraçada, quando você vê uma pessoa bizarra. Tudo é motivo pra foto. Mas se o flash tava ligado, e a pessoa percebeu, a única alternativa é falar:

"Nossa, que relâmpago foi esse? Acho que vai chover!"

5

"Já fui acertada por uma bola de vôlei na frente do garoto que eu gostava. Pior: foi ele quem tacou."

Hummm... Classe e elegância são o que você precisa pra resolver essa situação. Cola seu número de telefone e joga a bola de volta!

Família

O nome da minha avó é Valdemia, mas todo mundo conhece ela como Val. Moro com ela desde que nasci. Eu, minha mãe e meu tio. Por ela ser uma pessoa tão especial, quero fazer uma homenagem. Quero dizer pra todo mundo que minha avó é minha vida. Eu não seria nada sem ela, meu tio e minha mãe.

Às vezes me inspiro nela pra imitar o jeitão das mulheres que invento nos vídeos, mas depois ela morre de rir. Ela é muito coruja. Acho massa! *Eu te amo, vovó Val.* Por tudo que a senhora fez por mim. A senhora é minha vida. Nunca se esqueça disso!

E é isso, né, meus anjinhos. Os avós são tudo na vida de uma criança. Falaram uma vez pra mim que vovó é tipo mãe com açúcar. Mas é muito mais que isso. Concordam? Então, se você tem seus avós, passe todo o tempo que puder com eles. A gente aprende muita coisa da hora com eles.

Faça hoje uma homenagem pra sua avó. Se ela for moderna e tiver celular, manda um oi com um coração gigante. Se ela é fã de redes sociais, posta uma foto com ela e diz quanto você a ama. Ou, melhor ainda! Que tal dar um pulinho na casa dela, dar aquele abraço gostoso e dizer com todas as letras: "**Vovó, eu te AMO!!!**".

Palavra de vó

"A primeira palavra dele foi 'dodó'. No caso, vovó. Isaac é um anjo que Deus mandou na minha vida, na vida da minha família. Se eu tivesse dez vidas, eu daria onze pra ele. Eu sou capaz de abrir mão da minha própria vida por ele."

E sobre minha mãe? O que dizer sobre o meu grande amor? Tirando a parte chata, que toda mãe tem, tem coisa muito legal. Eu, por exemplo, adoro ficar com a minha. Ela é minha melhor amiga. Ando de skate com ela e às vezes parece que a gente tem a mesma idade.

Acho que nossa mãe é a única pessoa no mundo que conhece a gente pelo olhar. Aliás, mães sabem de tudo, meus anjinhos. Confiem sempre nelas. As mães têm o famoso "detector de merda". Hauashuashua!

Às vezes eu quero muito uma coisa e mamãe diz não. Ela fala que nem sempre a gente consegue o que quer, que faz parte da vida. Eu fico um pouco triste, mas entendo que mães são assim: elas sabem o que é bom pra gente. E é por isso que a gente tem que confiar nelas.

Se sua mãe te fala que agir assim não é legal, pense com carinho. Não vale ficar brigando com a pessoa que você mais ama na vida. Já pensou o que ia ser da sua vida sem ela? Pra te levar água de noite, pra te fazer comida, te dar cafuné, te levar na escola, te mandar tirar a toalha da cama? Kkk!

O meu amor desce pra você, mãe!

(Meu jeitinho de dizer que "eu te amo".)

E vê se não chora, hein! Senão peço pros meus anjinhos mandarem mais desafios. Algo pra superar nosso mico dançando...

"Baile de Favela"!

Ah, meu tio Ícaro é **DEMAIS**. Sem os esforços dele, nada disso teria sido possível: meu canal, o sucesso e até esse livro. Ele é muito inteligente e um amigão. Sempre que via ele fazendo vídeos eu queria fazer igual. Me inspirava, sabe?

É legal pra caramba passar um tempo com ele. Com tio a gente zoa, a gente brinca, a gente briga. E por mais que ele proteja a gente que nem pai, ele é sempre aquele cara brincalhão que vai fazer a diferença na sua vida.

Meu tio, preciso te falar quanto te amo? O quanto me inspiro em você? Eu te acho MASSA! Meu ídolo! Obrigado por TUDO que você já fez, por tudo o que faz e sei que ainda vai fazer por mim e por nossa família. Que nota eu dou pra você?

Nota um milhão!!!

PLAY

Youtubers

Vocês sabiam, **meus anjinhos**, que o que eu faço por diversão nas horas vagas é profissão pra muita gente. Pois é, youtuber é profissão. É a pessoa que fala num vídeo e posta na internet. Simples assim. Mas quando eu comecei, nem imaginava isso.

O que muita gente não sabe também é que a televisão praticamente não existe pra pessoas com menos de 20 anos. A galera tá na internet. Ninguém mais quer ficar no sofá mudando a TV de canal. Todo mundo quer ter voz, quer interagir, quer expressar o que sente, o que faz, o que gosta.

Nesse capítulo, quero homenagear meus amigos youtubers. Foi difícil escolher só alguns. Faria um livro só falando deles, pois tem muita gente da hora. Mas... a Marcia disse que o livro não podia ter 500 páginas. **Huashuahuahsua!** Então, vamos lá!

MC Biel

Ok. Ok. O Biel é cantor, mas ele também faz e posta vídeos no canal dele, então entra na minha lista. E o livro é nosso, né, meus anjinhos? Aqui entra quem a gente quiser.

Sobre o Biel, ele é a humildade em pessoa. Mesmo com todo mundo dizendo que ele é a cara do Justin Bieber.

Adoro as músicas dele. Dá vontade de sair dançando sempre que tocam. Fiquei de cara quando soube que ele ia cursar medicina e acabou virando cantor.

Ah, eu sei que meu tanquinho é melhor que o dele, claro, mas ele faz a alegria das meninas da internet e tem milhões de fãs nas redes sociais. Ele é tão maneiro que chama o povo que vai nos shows de "família baladeira". E você acredita que uma música dele já ficou em segundo lugar no iTunes, só atrás da Adele?

Quem conhece o Biel sabe que ele é gente boa, e sempre vai continuar assim, mesmo lado a lado com a Adele. Segura esse Justin Bieber brasileiro!

Whindersson Nunes

No dia que conheci o Whindersson, ficamos bem amigos. Mesmo ele dizendo que eu não era uma criança, mas sim um alienígena. Ele dizia que não se fazem mais crianças como antigamente.

Será que você sabe me responder como eram as crianças de antigamente?

O canal dele começou a fazer sucesso com a paródia "Alô, vó, tô reprovado", que em três semanas teve milhões de visualizações. Em apenas um mês, ele já tinha o canal de vídeos com maior número de inscritos do Nordeste.

Aí você acredita que ele foi hackeado lá no comecinho e perdeu todos os vídeos? Pois é, mas ele não desistiu do sonho e foi em frente.

No dia que nos encontramos fizemos uma brincadeira e ele acabou ganhando. O desafio que deram pra mim era que eu tinha que correr no estacionamento de cueca samba-canção. E lá fui eu, com a cuequinha vermelha, correr naquele lugar enooorme. Esse dia foi demais.

Valeu, Whindersson!

Pedro Afonso RezendeEvil

Não escondo de ninguém que um dos meus sonhos era conhecer o Pedro. Eu gosto do canal dele desde... huuuum... SEMPRE! Quando chegou o dia de gravar com ele, nem acreditei. Era como encontrar alguém que você ama com tanta força que até fica sem saber o que fazer, entende?

Ele me recebeu como se me conhecesse desde que nasci. Revelou que também assistia os meus vídeos, e logo ficamos amigos.

E você sabia que ele já jogou futsal profissional e foi goleiro de um time da Itália? Pois é... O Pedro já fazia vídeos sobre o Minecraft quando foi jogar bola na Itália e levava o YouTube na brincadeira. Aí ele não curtiu ficar longe da família e decidiu transformar o hobby em atividade principal. No "RezendeEvil", o canal do meu amigo Pedro, ele cria vídeos sobre games, especialmente o Minecraft.

No dia em que nos conhecemos, depois que perdeu no video game, ele teve que colocar uma peruca e uma saída de banho de oncinha da mãe dele, e saímos pelas piscinas de um hotel. Todo mundo ficava olhando. E ele, sem graça, ficava me chamando de filho. Nunca ri tanto na vida!

Pedro, obrigado por esse dia. Você fez minha vida mais feliz e eu sempre vou torcer por você — espero que a gente possa se encontrar de novo pra eu te dar um monte de tortada na cara e te ver pagando mico. Sou teu fã!!!

Luba TV

Uma das MELHORES PESSOAS EVER, o Luba também é um dos caras que mais gosto na internet, e que tive a honra de conhecer.

Ele ficou conhecido no YouTube porque falava de muita coisa diferente e ainda interpretava as personagens Rogéria e Tia Gertrudes, além dele mesmo, é claro. E a TURMA, que é a galera que segue o Luba, gosta muito do jeito autêntico dele.

Adoro esse cara. Ele me ensinou que não tem fórmula pra fazer um vídeo dar certo: você precisa criar a comunidade que curte o que você posta e falar de coisas que acontecem de verdade com todo mundo. Sempre de coração aberto.

Pyong Lee

Se você nunca viu o Canal do Pyong Lee, deveria ver. Além de youtuber, ele é ilusionista e hipnólogo. O cara faz umas mágicas tão incríveis que dá pra assistir dez vezes o mesmo vídeo sem cansar. **Por onde ele passa, o pessoal vira fã de carteirinha!**

Se você já assistiu o quadro "Responde, Pyong", deve saber um pouco sobre ele. Inclusive que ele brinca dizendo que começou a fazer mágica quando nasceu. Os vídeos são engraçados e as respostas são de chorar de rir.

O dia em que gravei com ele foi uma aula de mágica. Ele me ensinou truques, me enganou um pouquinho e eu nem acreditei quando ele mostrou tanta coisa legal. Tá lá no meu canal!

Tu é massa, cara.

Lucas Maciel

Conheci o Lucas quando ele veio na minha casa pra gente gravar uma matéria pro programa Pânico. Ele me perguntou tudo o que tinha curiosidade de saber. Mostrei pra ele o meu quarto, meus brinquedos, contei como tinha começado minha carreira na internet e meu tio deu entrevista.

A parte mais engraçada foi quando eu dei um soco nele de brincadeira. Hahahaha!

Aí ele me desafiou a participar do quadro "Game of compras", onde você pega coisas dos carrinhos dos outros no supermercado e coloca dentro do seu.

Nesse dia, também fizemos pegadinha com a galera do shopping, montamos lanches com ingredientes inusitados, tipo sorvete e chocolate, e ele jogou chantilly dentro da minha boca. Foi massa! Muito engraçado. VIREI FÃ! Por isso, ele entra aqui nesse capítulo com muito orgulho.

Tio Leo

Esse não é um youtuber, mas está por dentro de tudo que acontece. Tio Leo é empresário dos youtubers que mais bombam na internet.

Conheci ele quando fui gravar com o Felipe Neto e até hoje a gente troca zap zap. Hahahaha.

Tio, tô esperando você me levar pra conhecer o Mike, seu cachorro Mister Simpatia. :)

E você? Quem são seus ídolos? Você se inspira em alguém?

O que é sucesso?

Se você acha que trabalho duro, tá bem enganado. Sou criança, esqueceu?

Mesmo que você veja um monte de vídeos meus, eu só gravo de fim de semana, quando não tem escola.

Meu tio e minha mãe preparam tudo e gravamos dois vídeos no final de semana. Aí eles postam na semana seguinte.

Eu acho engraçado porque todo mundo me pergunta se eu passo o dia inteiro gravando. Gente, claro que não!

Criança tem que brincar!!!

Eu saio na rua, jogo muita bola, gosto também de ficar em casa jogando video game, amo assistir desenho. Brincar na rua com meus amigos é a coisa mais legal do mundo.

Muita gente me para na rua e pergunta como é ter sucesso e o que fazer pra ter sucesso. Eu não sei como responder. **Eu só tenho 7 anos, minha gente!**

Eu sei que as pessoas curtem meus vídeos, que me acham engraçado, legal, e tudo mais. Mas na hora que meu tio liga a câmera eu não fico pensando: "Ah, será que esse vídeo vai fazer sucesso?". Vou lá, gravo e pronto. Vou te contar um segredo: eu só penso em ser eu mesmo.

Talvez seja esse o maior segredo. Ser você mesmo é muito legal. Não dá pra ligar a câmera e fazer de conta que sou um personagem. *Eu sou um menino de verdade.* E eu sou assim. Do jeitinho que você vê nos vídeos.

Minha mãe me ensinou que todo mundo tem algo especial. Eu acho os meus cachinhos especiais. Eu gosto deles. Se alguém não gostar, problema deles. O melhor de tudo isso é que eu assumo meus cachos sem pensar no que as pessoas vão pensar.

E olha só que engraçado: justo por isso os meus fãs me chamam de anjinho. Só por causa dos meus cachos! Quer dizer... e do meu jeitinho de ser, né? Hehehe!

Já vi menina triste alisando o cabelo porque "precisa estar na moda" ou porque "acha cabelo enrolado feio". **Eu acho lindo que cada um use o que tem pra ser feliz.** As pessoas ficam muito mais bonitas e legais se não têm medo nem vergonha de ser quem elas são.

Sobre as críticas... Minha mãe fala que sou pequeno demais pra entender certas coisas. Ela diz que lidar com os comentários negativos e ofensivos da internet é demais pra mim. Então, ela lê tudo que escrevem. E só me passa as coisas boas.

Mesmo que ainda seja uma criança, aprendi que pra tudo o que você fizer na vida, vai ter gente criticando. Mesmo que você só queira fazer o bem.

Quando comecei na internet, eu só queria me divertir — e queria fazer as pessoas rirem comigo. Mas o que apareceu de gente falando mal não tá escrito no gibi. E isso não é nada legal. Não é, meus anjinhos?

Dica: Nunca entrem nessa vibe! Nunca critiquem alguém só por maldade. Você nunca sabe como é a vida daquela pessoa. O que ela passa. Se ela sofre. Se você já viu alguém fazendo isso só de zoeira, dá um toque pra esse amigo. Fala que ali do outro lado da internet tem uma pessoa, e que essa pessoa tem um coração batendo e sentimentos.

Muitas pessoas ficam tristes e até choram ao ler uma coisa ruim que não é verdade. E eu não gosto de ver ninguém chorando. **Sou totalmente contra o bullying na escola e também o virtual.** Detesto injustiças.

Se você que está lendo esse livro já sofreu algo do tipo, vai por mim: não ligue pro que falam de você. Nunca deixe de ser você mesmo por causa do que os outros falam.

Ignore o que te faz mal e olhe sempre o lado bom da vida. Experimenta brincar de fazer cócegas na sua mãe. Ou tomar um banho de mangueira, rolar no chão com o seu cachorro, correr e brincar de esconde-esconde com seus primos sem hora pra brincadeira acabar.

Dá pra ser feliz com coisa muito simples. E ser criança é mais ou menos isso: ter a felicidade e a alegria de viver sem preocupação.

Me divulga no seu canal?

Cara, tem gente que odeia dividir espaço com os outros. E eu já vou avisando: não tenho nenhum problema com isso. Acho que estamos aí, juntos, pra construir um mundo mais legal.

Já vi entrevista de youtubers dizendo que não gostam quando o outro pede pra divulgar. Eu não ligo e adoro fazer com as pessoas o que gostaria que fizessem comigo.

Meu tio é amigão de vários caras da internet. E sempre nos tratamos com respeito, de igual pra igual. É bobeira achar que se um tem mais likes que o outro, é melhor.

Faço os vídeos por pura diversão. E minha mãe diz que, a partir do momento que eu parar de me divertir, não vale mais a pena.

Tem que ser massa. Não tem que ser pela fama, ou pela grana. **Tem que ser pra fortalecer a amizade!** Pra criar uma turma bacana que gosta de ver coisa diferente.

Fala, Iasmin!

Que aviso você daria para as mães das crianças que querem ser youtubers?

"As mães precisam apoiar as crianças e estar mais preparadas do que elas. É importante nunca colocar o filho na linha de frente desse bombardeio de opiniões até que ele cresça e possa decidir isso sozinho. Existem muitos haters que acabam desmotivando as crianças com comentários desnecessários e maldosos. O importante é apoiar a criança no que ela realmente gosta de fazer. Foi o que eu fiz."

A capital da alegria

Nasci e moro em Salvador, o coração do Brasil. Se você ainda não conhece essa terra abençoada, é bom dar pelo menos uma passada aqui. A Bahia é o lugar mais animado do planeta. Tem as pessoas mais alegres, engraçadas e felizes do muuuundo todo.

Vou te contar um pouquinho da minha cidade, porque Isaac também é cultura. Hehehe.

Salvador é conhecida pelo nome bonito de "a Capital da Alegria". Não é só por causa do Carnaval, não! É que o povo daqui é bem animado e contente.

O Pelourinho é a área mais bonita da cidade, com fachadas coloridas e ruas de paralelepípedos — esse é um trava-língua dos bons pra você treinar.

Baiano gosta de tranquilidade — e quem não gosta? —, mas não confunda isso com preguiça, não. A gente é do bem. Todo baiano tem um coração grande, a casa sempre aberta pras visitas e tá sempre pronto pra festa.

Se você der um rolê na Bahia, tenho certeza que vai reparar que as mulheres são bonitas demais, que o povo joga capoeira com gingado e que tem batuque e festa em todo canto.

A alegria tá em todo lugar na Bahia!

O famoso Carnaval de Salvador, o carnaval da Bahia, já foi considerado o maior carnaval do mundo segundo o Livro dos Recordes, o Guinness Book, e participam dele 3 circuitos, trios elétricos e cerca de 2 milhões de pessoas nas ruas.

Agora, vamos falar de comida? Uma das delícias mais tradicionais da Bahia é o acarajé, que costuma ser vendido nos tabuleiros das famosas baianas de acarajé.

AMO minha cidade, meus anjinhos.

Se vocês querem saber o que é que a baiana tem, precisam vir conhecer esse lugar. O meu lugar!

Music
style
Play
style
Play

Paródias de sucesso

Já postei algumas paródias que fizeram o maior sucesso. Aliás, um dos meus vídeos de maior sucesso no canal é "An, An", a paródia de "Bang", da Anitta, que teve 100 mil visualizações em dez horas!!!

Você curtiu? Claro, né, ficou muito massa! Então, pra você poder acompanhar com a música, aí vão algumas letras. Solta o som, DJ!

("An, An", a paródia de "Bang")

Nem vem com esse bafo de cocô pra perto de mim
Hoje eu quero tu bem longe e é melhor assim

Nem vem
Dei muitos conselhos pra você
Tu que não consegue perceber

E quando abre a boca pra conversar
Assim não dá

Vem
Vamos fazer uma escovação
Isso pode ser a solução
Meu dentista pode te ajudar
É só ligar

Ih, não dá pra aguentar
Até dói a cabeça
Eu vou continuar te ignorando
Ih, pra gente ficar
Dar a volta por cima
Eu vou parar até te ver cheirando

Nem vem com esse bafo de cocô pra perto de mim,
Hoje eu quero tu bem longe e é melhor assim

An an

("Escreve Aí", a paródia de Luan Santana)

Vejo tanta foto que até tento segurar
Essa vontade que sinto em curtir

Entro no meu quarto antes de fechar o aplicativo
Eu te digo: olha aí, ainda vou te esquecer, escreve aí
Vou pra sala procurando as tomadas. Mexo no fio até conectar
Aí eu penso que vou estudar o dia todo mas quem
É que vou enganar?
Hoje é no WhatsApp que vou ficar.

É só você fazer assim [sinal de mensagem do Whats]
Que eu volto
É só você fazer assim [sinal de mensagem do Whats]
Que eu volto
Que eu volto

Eu cago o celular na cara
Tira você de mim não desce nada
Fico no face sem olhar os ponteiros
O tempo passa num estalar de dedos
Meus pais não sabem o que será de mim
E na escola é sempre assim
Fraco demais pra continuar
Juntando forças
Pra poder largar

É só você fazer assim [sinal de mensagem do Whats]
Que eu volto

("Sorte", a paródia de Justin Bieber)

Semana de prova já se aproxima e eu não estudei
Fiquei no WhatsApp enviando correntes e eu me ferrei
Só ia pra escola só pra jogar bola e eu me lasquei

Mais uma vez, não precisei usar a Báskara
Não faço ideia de como contar para os meus pais
Boletim vermelho é tendência, é última moda, pai

Inglês nas escolas só verbo to be não aguento mais
Já reprovei umas três vezes em História

Se eu passar nesse ano é na sorte
Português nunca foi o meu forte
Acordar cedo sempre foi minha morte
Tenho certeza que vou apanhar se na escola eu reprovar

Sorte
Soorteee
Tenho certeza que vou apanhar se na escola eu reprovar
Na aula de Geografia o que quero é dormir

Me empresta seu caderno logo quero visto pra mim
Professora, acaba essa aula, eu quero é merendar
O lanche hoje é arroz com acerola

Jéssica, me passa cola por favor
João, não tenho culpa se você não estudou
As aulas de Religião tu matou

Agora não me peça mais nenhuma pesca
Já acabou, Jéssica

Se eu passar nesse ano é na sorte
Português nunca foi o meu forte
Acordar cedo sempre foi minha morte
Certeza que vou apanhar se na escola eu reprovar

("Aquele 1% é Safadão", a paródia de Wesley Safadão)

Você conhece o mito Wesley Safadão? Ele é quase uma religião. E as músicas dele cabem em qualquer ocasião. Quer ver?

Sabe quando você chama aquele amigo pra sair e ele fala que não pode? Que tá doente. Que tá com febre. Que tá com zika vírus. Pra ele não ficar sozinho, você resolve ficar em casa também. Só que aí você vê no Facebook a foto dele com um monte de gente numa festa. Aí ele te liga, você atende e canta em alto e bom som pro falsiane:

"Como é que você ainda tem coragem de falar comigo?"

Tem outra ocasião em que a trilha sonora do Wesley é perfeita. Quando sua série favorita termina e a nova só vai lançar no próximo ano:

*"Parece que as noites ficam mais frias longe de você,
e a danada da saudade vem."*

*"Se você quiser voltar, é pra ser minha diversão, minha bebida,
meu lanche, minha segunda opção."*

E esse verso acima? Oxe, minha gente! Nunca aceite ser a segunda opção de ninguém. Até porque número 2 é cocô!

E quando o seu celular tá com 1% de bateria? O que você canta?

"Tá claro que você não existe sem mim."

Tem outra música que não sai da cabeça que é a tal da "Metralhadora" — e trá, trá, trá. Essa música tem alguma magia que você não explica. Não importa onde você tá que dá vontade de dançar.

Você pode estar varrendo a sala, deitado no sofá, dormindo, que dá vontade de levantar e dançar. E se você tá jogando bola? Também dá vontade de parar e dançar.

A pior parte é se você tá fazendo xixi. Aí tem que se segurar pra não levar esculacho da sua mãe. Kkk!

E o seu talento musical? Escreve aí a sua própria paródia...

Super quiz

1 - Sabe qual é a minha comida preferida?

A. Feijão preto, arroz e batatas fritas

B. Hambúrguer

C. Temaki

2 - Sabe em quem me inspiro pra gravar os vídeos sobre mães?

A. Minha mãe

B. Minha vó

C. Minha tia

3 - O que gosto de fazer com minha mãe?

A. Lavar louça

B. Ir pra escola

C. Andar de skate

4 - Qual é o sabor do meu bolo favorito?

A. De cenoura

B. De chocolate

C. De creme de avelã

5 - Onde foi que meu primeiro dente caiu?

A. Em casa

B. Na escola

C. Na casa da tia Janny

6 - Lugar que quero muiiiiito conhecer...

A. A TV Globo

B. A Disney

C. Hollywood

7 - Profissão dos meus sonhos?

A. Astronauta

B. Ator

C. Veterinário

8 - Sabe qual é o meu jogo preferido?

A. Minecraft

B. Super Mario Bros

C. Mortal Kombat

9 - Quanto tempo demorou pra eu ganhar 1 milhão de inscritos no YouTube?

A. 8 meses

B. 3 semanas

C. 2 meses

10 - Quem nasce em Salvador é?

A. Salvadorense

B. Soteropolitano

C. Salvadorino

11 - Qual é o meu desenho preferido?

A. Padrinhos Mágicos

B. Hora de Aventura

C. Angry Birds

12 - Qual é o meu animalzinho de estimação?

A. Uma tartaruga

B. Um cachorro

C. Um peixe

13 - Bebida preferida?

A. Refrigerante

B. Suco de laranja

C. Suco de caju

14 - Livro preferido?

A. O Pequeno Príncipe

B. Harry Potter

C. Crônicas de Nárnia

Respostas:

1 = A	4 = B	7 = B	10 = B	13 = C
2 = B	5 = C	8 = A	11 = B	14 = A
3 = C	6 = B	9 = A	12 = A	

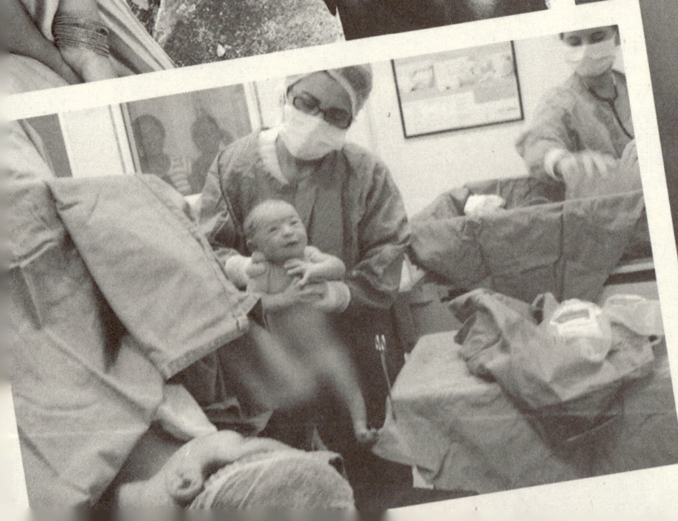

De mãe para filho

Por Iasmin Guedes

Você, Isaac, foi e sempre será uma bênçao enviada por Deus. Um presente lindo que eu recebi com muita alegria no dia 24 de outubro de 2008, na minha festa de aniversário de 15 anos.

Descobri minha gravidez no dia do meu aniversário, já com 4 meses de gestação. Os preparativos para a festa correram muito bem, mas bem na hora de colocar o vestido... Surpresa: estava apertado! Precisei da ajuda de seu tio e da sua avó para conseguir me aprontar. Imagine a cena, filho

Eu realmente estava me sentindo diferente. Como se meu corpo tivesse mudado. Mas tudo parecia sob controle até o momento em que eu comi uma coxinha. Na mesma hora, tive que correr para o banheiro e, após esse enjoo na frente de toda a família, a suspeita da gravidez acabou por se confirmar.

É filho, você chegou chegando. E não poderia ser diferente, né, meu anjinho? Depois daquela noite, minha vida mudou completamente, e para melhor. Você foi realmente o meu melhor presente de 15 anos.

No primeiro ultrassom, o médico informou que era uma menininha. Fiquei superfeliz ao me deparar com a ideia, mas no fundo eu sabia que era você que estava ali comigo. E desde então, passei a sonhar com um garotinho com cara de anjinho.

Porém, foi no segundo ultrassom que meu palpite foi comprovado. Daí escolhi o seu nome, mesmo sem saber qual era o significado. Quando fui pesquisar, descobri que Isaac significava "o filho da alegria". E hoje tenho certeza de que não havia nome melhor para você.

No dia 15 de abril de 2009, você veio. Chegou em nossas vidas — principalmente na minha — como dono e responsável por muitos sorrisos. Atualmente, você traz alegria às vidas de milhões de pessoas, fazendo jus ao significado de seu nome.

Quando você olha em meus olhos e diz "o meu amor desce pra você", que é a sua maneira de dizer "eu te amo", o mundo ao redor simplesmente para de girar.

Você, Isaac, é simplesmente o meu tudo. A minha vida. O meu anjinho.

SALVADOR
PREFEITURA
ESÍDUOS
SECOS

E aí, curtiram o livro? Deixa aqui tua mensagem, desenho, foto ou homenagem e posta lá no Instagram com a hashtag #eucurtiolivrodoIsaac. As melhores serão divulgadas em meus canais. Combinado?

TIPOGRAFIA	MINYA NOUVELLE, GOTHAM BOOK E ABRAZO SCRIPT SSI
PAPEL DE MIOLO	*HOME BOOK* 55g/m²
PAPEL DE CAPA	CARTÃO 250g/m²
IMPRESSÃO	IMPRENSA DA FÉ